DIRECTIONS FOR USE

DIRECTIONS FOR USE

SELECTED POEMS

Ana Ristović

TRANSLATED FROM THE SERBIAN BY

Steven Teref & Maja Teref

Zephyr Press | Brookline, Mass.

Cover drawing by J. Beenk

Book design by *type*slowly
Printed in Michigan by Cushing Malloy, Inc.

Zephyr Press acknowledges with gratitude the financial support
of the Massachusetts Cultural Council.

massculturalcouncil.org

Zephyr Press, a non-profit arts and education 501(c)(3) organization,
publishes literary titles that foster a deeper understanding of cultures
and languages. Zephyr books are distributed to the trade in the U.S.
and Canada by Consortium Book Sales and Distribution [www.cbsd.com].

Cataloguing-in publication data is available from the Library of Congress.

ISBN 978-1-938890-14-7

ZEPHYR PRESS
www.zephyrpress.org

TABLE OF CONTENTS

CIRCLING RISTOVIĆ

On the surface, Ana Ristović's poems read smoothly and almost easily as she wittily and winkingly banters about polishing her nails or opening the door to her New Belgrade life on the Danube quay. Before you know it, you are seduced into a light-hearted conversation about daily chores and salad-making while "[o]utside, the blizzard / howls, with ease / and without a care, / buries our / and all other mutual / thresholds." These lines from "Black Radish" perhaps best embody our experience in translating Ristović. Unlike our previous translation of the late Serbian poet Novica Tadić, whose ominous neologisms regularly struck fear into the hearts of his translators, Ristović welcomes hers with her ringing laughter in a flour-stained apron while redolent food wafts from her kitchen, filling the nostrils and whetting the appetite regardless of whether the translator is a vegan or an omnivore. Once we had sunk our teeth into the delicious medley of Ristović's œuvre, what seemed like a light dinner at first turned into a three-course meal complete with an array of spices and refined sauces.

Rewriting the recipes for an American palate involves a subtle adjustment of the spicing. In "Black Radish," for example, the carefree speaker grates a spicy black radish during a snowfall. In the original Serbian, it's not until she cuts herself, well into the process of grating, that we find out God and she grate "in unison." To a Serbian speaker, this unexpected inclusion of a grating God isn't strange; it invokes a storytelling tone of a dramatic narrator sipping Turkish coffee while she entertains a circle of friends in a *kafana*, waiting for *sarma* to be served. The casual mention of God is common and often unnoticeable to an average Serbian speaker, often adding a hyperbolic and a humorous tone. In English, on the other hand, a reference to God often has an overtly religious overtone that can sound heavy-handed and serious. The poet introduces God in the middle of the poem; as translators, we chose to bring God in earlier, so that the later reference makes sense in English. This translational maneuver sounded less abrupt to us and clarified the portrayal of God as a character in a kitchen setting of his own, creating a literal blizzard coinciding and ultimately mingling with the speaker's black radish blizzard. The juxtaposition between the speaker's "black-radish, spicy snow" and God's own white snow conjures a humorous image of two characters immersed in similar, simultaneous actions.

Just as "Black Radish" plays with interiors and exteriors, a prevalent motif in Ristović's poetry, the opening poem "Little Zebras" pits the speaker as an 'insider' against literary critics ("the well-read") as 'outsiders' whose focus is on the appearance of poetry, its apparent static nature. Contrast that with the speaker's enjoyment of poetry's movement, the shimmering magic of words on the page, "the sweep of her tail, / the play of her black and white stripes."

At times, this dichotomy plays out within a single poem. In "Art" (an allusion to Damien Hirst's *Mother and Child Divided*), spectators are captivated by the cow's body while its heart lies in another room unobserved, highlighting both figuratively and literally the absence of the outsiders' focus on 'the heart of the matter.' The heart of the cow is not unlike the play of the zebra in "Little Zebras."

Far removed from the Western stereotype of Eastern European writing as chronicling political persecution, depressing tones and bleak lives, the facets of Ristović's poetry that stand out are her sense of humor and wide-ranging allusions. The poet represents a new generation. Born in 1972 in Belgrade, the daughter of renowned poet Alexander Ristović (whose collection *Devil's Lunch* was translated by Charles Simic), Ana wanted to become a poet in her own right. When she expressed her intention to study Serbian literature, her father, whose own work is characterized by macabre lyric poems, told her that she could read Serbian literature any time she wanted. Instead, he encouraged her to read world literature. As a result, Ristović peppers her poems with references to Sylvia Plath, Wallace Stevens, Ingeborg Bachmann, and other non-Eastern Europeans.

The allusions in the poet's work speak to her influences even as she undermines them. In "Beware, Poet!," Ristović runs the risk of offending fans of Sylvia Plath with her irreverent appropriation of the confessional poet's suicide. The speaker concludes,

> After such an ordeal,
> I'll stand before my oven
> like Sylvia Plath,
> But, I'll rethink
> what to stick in it.

The reference to the American poet's suicide may strike Plath fans as shocking or gauche, but the extreme nature of the image summarizes Ristović's worldview. She will lead the reader to a precipice, not with the tragic impulse to leap off, but to take in the view and laugh.

The complex allusion in "Purge" requires some mapping in order not to seem disrespectful to the poet it honors. Osip Mandelstam, a victim of Stalin's Great Purge in 1938, wrote the heart-killing poem "Leningrad" to memorialize the St. Petersburg of his youth. The ghosts of his friends and family are evoked in the line "You know my telephone numbers" (in W. S. Merwin's translation). Mandelstam's apostrophe to the cultural capital of the Russia of old culminates in the couplet: "Petersburg! I've still got the addresses: / I can look up dead voices." Contrast this elegy to Ristović's seemingly flippant: "I decide to purge . . . a few books of poetry." When her poem concludes with "all my phone numbers are in you," her point is anything but dismissive. Her message is just as haunting, but not as heavy-handed as Mandelstam's. In a consumerist culture, people are used to disposing of the old. However, a person who throws out a poetry book tosses out more than yellowed sheaves of processed tree pulp; she is ignoring the sacrifice those writers endured to bring their words to a readers' careless hands. We easily forget others' suffering when removed from it through a simple purchase.

Ristović's work stands outside the influence of Serbian literature. One poet she takes after is Radmila Lazić, whose work is known for its sexual candor. But Ristović's eroticism is more playful: "Grain of Salt" jokingly refers to condoms as "washers / for a leaky faucet." Her female eroticism leads to an ambivalent tone of meditation on women's independence. Although her reluctant, sardonic ode to female masturbation ("Circling Zero") explores a familiar theme for the comfortably middle-class American reader, the subject not only rings radical in Serbia but remains relevant for women wrestling for healthcare and basic rights everywhere. In fact, Ristović often writes about female masturbation. Numerous poems in *Directions for Use* share the motif of unapologetic self-pleasure. "Circling Zero" demonstrates that feminism has more than one narrative and more than one timeline. In the States and select Western European countries, an easy delineation of first (pre-), second (classic), and third (post-) wave feminisms exists for the educated and privileged, but for the majority of women worldwide, independence is elusive. Poems like "Circling Zero" are political as well as literary.

The poem "Crossword Puzzle," presented particular acrostic challenges built around Ristović's own name. We retained the original form by switching a few definitions and answers. For example, one of the definitions was "istok" and the answer "i" — the second letter of Ristović's surname. "Istok" means "east" in English, and this would not have matched Ristović's name. We used the letter "i" in sunrise to echo the meaning of "east." Although we employed risky creative solutions, we believe little was lost in the translation.

Whether making salad, washing laundry or solving a crossword puzzle, readers and translators alike lightly and comfortably take hold of Ristović's supple, beckoning hand only to become immersed in her microcosm. Much like delicate, variegated hand embroidery, her poetry enchants and beckons over and over again with its "smoothness and color of the right side," as Cervantes characterized the work of translating. The mesmerized reader becomes entangled in the beauty of an embroidery's figures, but the translator is the one who flips the dazzling needlework on its back, "covered by threads that obscure [the figures]," and tackles its hidden entanglements, "looking at Flemish tapestries from the wrong side." Although "there are worse and less profitable things that a man can do," our own translating toil culminated in the ultimate reward — the revelation of the elegant, intricate, underlying mind of the poet who is Ana Ristović.

— *Steven and Maja Teref*

DIRECTIONS FOR USE

МАЛЕ ЗЕБРЕ

Што више читам
то ми се све више чини од књига
да су мале зебре
чија се кичма повија под прстом
у ишчекивању јахача
кога неће збацити с леђа.

Ко је достојан једног црног реда
тај је достојан и речи,
ко је достојан речи
тај је достајан и простора белине,
ко је достојан белине
тај је достојан искуства
да годинама кротио је само
између редова мале празнине
и да нема књиге
којом би зими обложио
унутрашњу страну капута.

Што више читам, о поезији знам
све мање . . .
Све лошији сам гонич малих зебри
низ благе падине колена и стола.

У краљевству добро поткованих
где мудри и обучени
зуре јој у зубе, мере обим бедара
и процењују може ли да рађа,
тражим само замах њеног репа,
оптичку варку црно-белих пруга . . .

LITTLE ZEBRAS

The more I read
the more books
resemble little zebras
their spines bend under the thumb
anticipating the riders
they won't buck off.

The reader worthy of the black row
is worthy of words,
the one worthy of words
is worthy of the white space,
the one worthy of white space
is worthy of experience
tamed for the ages
the thin gaps between lines;
without books,
no padded lining
for a winter coat.

The more I read, the less
I know about poetry . . .
The more inept hunter of little zebras I become
along the soft slopes of knees and table legs.

In the realm of the well-read,
the wise and adept
examine the zebra's teeth, measure the width of her thighs
and assess her stock,
I seek the sweep of her tail,
the play of her black and white stripes . . .

*   *   *

На језику девојчице не отапа се снег.
Од пахуља настају ледене жабе које падају
на њена гола колена и остављају за собом,
на кожи ружичасто цвеће. Које ишчезне,
пре но што га додирне врховима прстију —
као капи боје пронађене језиком воде.
Када отвори очи гледа у облаке од алуминијума
и пушта снег да веје кроз кожу. Стаклене чиоде
тону у зенице као у мале кањоне, а нешто склизне
са усана док се смеје, кријући лице
шкрипутавим длановима. Но вејавица наставља
да плете суву тугу у рукаву њене хаљине,
као у облој кошници. По даху ће познати
када буде прошао анђео и прислушкивао
клавир о коме сања:
клавир не већи од кутије шибица,
који се може носити у џепу, сакрити у рукавици
и пренети под капом, у измењена огледала.

* * *

On a girl's tongue, snow doesn't melt
Snowflake frogs fall
on her bare knees and leave
pink flowers. The flowers wilt
before her fingers can touch them —
drops of color found with the language of water.
When she opens her eyes she gazes at aluminum clouds;
snow drifts through her skin. Glass pins
sink into the little canyons of her pupils and hoarfrost
spills from her smiling lips. She covers her face
with squeaky palms. Still, the snowstorm
weaves dry sorrow into the sleeve of her dress
as into a beehive. By his breath, she knows
the angel eavesdrops
on her dream: a matchbox piano
carried in a pocket, hidden in a glove
under a hat, in distorting mirrors.

* * *

А ово је огледало које виси на зиду месаре,
наспрам блажених полутки меса коме су одузети
важност и метафизичко значење. Влажна њушка
пијачног пса, ритуално милује довратак.
И ножице летњих мува шкропе облу кост,
но бестелесне су руке које у рукавицама
скупљају светлост што капље са ње,
у сетним траговима.

Ово огледало не припада никоме — ни месару,
ни полуткама, ни оној која долази увече
да обрише траг жуте крви са подова,
птичији измет са прозорског стакла
и да саструже нешто зарђалог мрака
осталог од претходне ноћи,
са последњег степеника.
Огледало се ту и не мора налазити и биће
равнодушно
на исти начин и када, претпоставимо —
месару преместе на неко друго место,
мале сељанке однесу у савијеној хартији оно
што им је одувек припадало, а пас угине
на каљавом друму, окружен хармоничним
идолопоклонством
другачијих бува.
И када неко, сасвим непознат и самом себи,
упаљену шибицу и своје зачуђено,
промрзло лице.

*   *   *

A mirror hangs in the butcher shop
opposite blessed slabs of meat,
their metaphysical meaning gutted. The wet snout
of the farmer's market dog ritually nuzzles the doorjamb.
The legs of summer flies tap on a bone,
disembodied gloved hands gather light
dripping from its melancholic tracks.

No one owns the mirror — not the butcher,
not the slabs of meat; not even the evening charwoman
wiping up blood plasma from the floor,
bird droppings from the windows,
and scrubbing previous night's rusty scraps
at the foot of the stairs.
The indifferent mirror doesn't need the shop.
Let the butcher relocate,
let the short peasant women carry away their meat
in butcher wrap, and let the dog die
along a muddy road, swarming with the harmonious
idolatry of fleas.
A stranger, a self unknown,
will grope for the mirror at night, bring a lit match
to the glass and his baffled
frostbitten face.

ЛЕП ПОГЛЕД
(*страх од рутине*)

То је један трг и на њему никог.
Никога, чак ни трга нема, рекао би песник
само наше ципеле, две спремне барке
и поред ципела, две кашике
за лакше назување:

У твоје се слива слана
у моје слатка вода
из истог облака, давно
нам повереног на чување

И тако свакодневно, редом

Свуда унаоколо сасвим је суво
ниједне једине капи

И нигде никог, чак ни нас

Само у кашикама нечији леп,
изврнути поглед, прикован
за већ уходано небо.

BEAUTIFUL REFLECTION
(*fear of routine*)

An empty square.
Encloses no one, not even itself, a poet claims;
only our shoes, two eager boats,
and beside them, two shoehorns
to slip out of with ease:

Salty water drips into yours
and sweet water into mine
from the same cloud given us
long ago for safekeeping

The dripping endures without end

Yet everywhere it's bone dry
not a single drop.

No one around
not even us

Only metal shoehorns
and someone's beautiful
inverted reflection fixed
against the heavily trafficked sky.

УПУТСТВО ЗА УПОТРЕБУ

Одвећ је одмерен тај покрет, прецизан,
сигуран у себе да би ишта могао дотаћи;
та рука која посеже за поједностављеним ваздухом
одвише јасних намера да би нешто боје
могло склизнути у длан, пуст, свакако.
Та рука која види своје умножене прсте,
сплет вена као мрежу над усунлим језером, у подне.
Послаћу јој цвеће од хартије, пажљиво
исечено маказама, пахуље папирне вејавице,
измишљено пролеће и један предео иза пепела,
сасвим непознат,
смех од различака који су постмодерне булке
поплавеле од додиривања,
неопредељене сенке и вртоглавицу
као метод пијаних свирача на жичаним
инструментима.
Зечије брабоњке, брижљиво увијене у плаву
марамицу, уместо стаклених кликера,
ноћ растурених гнезда и љуске неупторебљивог јутра,
отвореног за чежњу доколице,
као и сензуалне остатке синоћне вечере
благу кишицу од рибљих костију,
вејавицу окруњеног прженног хлеба,
скроман влажни свемир преметан из једне
у другу страну уста, апокалиптичан
као и свака будућа реч о њему:
на сеновити портал, пред колена,
новостворени плантеријум.
Потребно је да кажипрст буде
пријемчив на отапање као со,
надланица прозирно стакло над
примиреним предметима,

DIRECTIONS FOR USE

The unfailing movement, precise,
free to feel:
the hand reaches for fresh air
the obvious plan for a slight flush
to slip into the palm, empty, without doubt.
The hand witnesses its blooming fingers,
a web of veins covers a sleeping lake in the afternoon.
I will send her paper flowers,
cut with scissors, a paper blizzard,
a fancied spring and an ashen landscape,
undiscovered,
a cornflower smile, those postmodern poppies
blued from touch,
erratic shadows and vertigo
like drunk string musicians.
Rabbit droppings, wrapped in a blue
handkerchief, not glass marbles,
the night of ruined nests and shells of spent morning,
the bare longing for idling,
and for the sensual leftovers of last night's dinner:
a sprinkle of fish bones,
a blizzard of rye crumbs,
a humble wet apocalyptic universe tossed
from one corner of the mouth
to the other:
in the shady portal, at the knees,
a newborn planetarium.
The index finger must adjust
to thawing like salt,
the back of the hand translucent like glass over
still objects,
the need to trace a circle in the water

потребно је да нацрта круг на води
не будећи ни талас ни поклоњену обалу.
Штап за којим посеже да усмери
према сунцу; допушта да је научим
све о детелини, о ерогеним зонама
прастарих леденица што у рано пролеће висе
у спокоју обнажених пећина, о начину
да се отопе тек врхом прста.
Да зарони у паучину од маслачака,
раширених прстију, предухитривши ране падавине,
одгонетајући нејасне отиске усана
на шупљем камењу, крај узглавља,
као последњу мудрост.
Поезија је отмени сталактит: кадидкад поледица
тражи руке љубавника колико веште
толико и бојажљиве у недоумици дечака.
Она је тек оданост, стрпљиво сладокушче
са оком од миркоскопа: начин капи сперме
која светли у пупку као у уху
насмешене шкољке: случајна као линија,
лажни кардиограм, пластични свет
изникао из тепиха.
Не труди се, не труди, ти прсту што упиреш,
упорно, упорно проналазиш место срца,
топос заборава,
област за своју таму ко светињу.
Она раскопчава хаљину, узмичући,
не откривајући ти више од једне дојке
чија брадавица светли као фосфорно зрнце.
Poesia divina, poesia divina,
а то што нудиш, чаробни длану,
свет је из друге руке бео,
патворен, порозан.

without waking the waves or the given shore.
She points the seized cane
at the sun; let me teach her
all about the clover, about the erogenous zones,
of ancient icicles hanging in early spring
in the silence of naked caves, about
thawing them with the tip of the finger.
Dive into the dandelion gossamer,
with outstretched fingers, preventing them from falling,
tracing the faded imprint of the lips
on limestone, at the head of the bed,
like sage advice.
Poetry is an elegant stalactite; sometimes ice;
it seeks a lover's hands, both deft
and fearful in the doubt of a boy.
The patient disloyal boy with a sweet tooth,
with a microscope eyepiece: she is devotion, drops of sperm
glistening in the navel as in the ear
of a smiling conch; aimless like a line,
a false cardiogram, a plastic flower
sprouting from the carpet.
Don't, don't try so hard, you, finger,
without fail you seek the heart,
the node of oblivion,
the umbral end, like a shrine.
She unbuttons her dress, arches back,
pulls out one breast,
the nipple glows like a phosphorescent grain.
Poesia divina, poesia divina,
you offer a magic trick,
a counterfeit world: pale,
fake, and porous.

ЗРНЦЕ СОЛИ
(*прељубничка балада*)

У пролећни поподневни дан
кренеш у град са једним циљем:
треба под хитно наћи љубавника.

А уместо у кафић, скренеш
у робну кућу и купиш:
маслине, Цамамбере сир, шампон за косу
и пакет гумица за славину
из које данима већ
тихо капље.

Цело преподне твоје сукња
беше кандило
које оглашава нечије туђе
свеце и празничне олује.

Цело поподне и свечери
она је поклопац
под којим кључа
сасвим чиста, скоро дестилована вода
намењена
за једно једино зрнце соли.

Толико воде
око само једног зрна.

Толико гумица
око само неколико капи.

Ух.

GRAIN OF SALT
(ballad of adultery)

On a spring afternoon
you rush from your apartment
to seek out a lover.

Instead of heading to a coffee shop,
enter a department store to pick up
olives, Camembert cheese, shampoo
and a packet of washers
for a leaky faucet.

All morning your skirt
a cresset
heralding others' saints
and a whirlwind of holidays.

All afternoon and evening
your skirt, a lid
for boiling water, toward distilling
a grain of salt.

So much water
for a single grain.

So many washers
for just a few drops.

Oh.

ОКО НУЛЕ

Независне смо жене.
У ишчекивању нове љубави
дишемо астматично. Хранимо се пилулама
неиспуњених обећања. Тонемо у мутне снове.
Двадесет и четири часа болно водимо љубав
са мигреном
и опраштамо јој јер је женског пола.

Независне. Својим мушкарцима
кувамо јела којима су нас научили
њихови претходници.
Макароне у облику клиториса.
Кечап што клизи као менструална крв
и обећава само лизање тањира.
Ал још увек верујемо у тријумфалне капије
које расту између постеље
и кухињског стола.

Пуштамо им музику коју смо слушале
при губљењу невиности и девојаштва.
Међу заводљивим вешом
сетно чувамо примерке
са невидљивим трагом претходних сперми.
Њишемо бедрима као да окрећемо млин:
после извесног времена цури
још само лепљива жуч.

И кажемо, да не верујемо више
у заједнички ваздух
који се може делити између уста и уста,
а све чешће остајемо без даха.

CIRCLING ZERO

We are independent women.
We breathe asthmatically
while waiting for new love. We pop pills
of unfulfilled promises. We drown in murky dreams.
Twenty-four hours a day we painfully make love
to a migraine and forgive her
because she's female.

Independent. For our men
we cook dishes taught to us
by their predecessors.
Clitoris-shaped pasta.
Ketchup dripping like menstrual blood
yet promising only the licking of plates.
But still we believe in the *arc de triomphe*
which rises between the bed sheets
and the kitchen table.

We play them the music
we lost our virginity to.
Pensive among seductive
lingerie, we keep underwear
with the invisible track of old sperm.
We gyrate our hips as if turning a mill:
after a while it drips
only sticky bitterness.

Yet we claim that we no longer believe
in sharing the same breath
between mouths
and more often we're left breathless

И кажемо, да центрифугу веш машине
користимо само кад се на њој
може одиграти добар сношај.
А у програм претпрања и цеђења
све чешће, уместо рубља, убацујемо
парче по парче своје истањене коже.

Независне жене. Цензуришемо
своје одвећ меке речи.
Подупиремо ревизију осећања и теорију
по којој је прво настала недужна Ева,
а Адам загризао отровну јабуку
јер је пожелео да му Бог
од змије створи још два фалуса:
мислио, јадничак, да му један
довољан неће бити.

Независне, кажемо, више но икад.
А у осамљеним ноћима, у уску вулву
спуштамо свој чудесни прстић све чешће,
као да убацујемо метак у пушчану цев
која опалити неће.
И смешимо се, с тугом, у сну без снова.
И рука је на сигурном, док кружи
око меке нуле.

yet claim we use the centrifuge
of the washing machine
only when sitting on it —
delightful intercourse may occur.
In the prewash and rinse cycles
instead of clothes we throw in
pieces of our thinned out skin.

Independent women. We censor
all too soft words.
We support the revision of feelings
and the theory arguing that innocent Eve
was created first, and that Adam
bit into the poisoned apple
because he wished for God to create
two more phalluses from the serpent:
poor thing, he thought one
wouldn't be enough.

Independent, we claim, more than ever.
Yet during lonely nights, in our tight vulva
more and more, we insert a small magical finger,
as if placing a bullet into the chamber
which refuses to fire.
And we smile with sadness in dreamless dreams.
And the safe hand, circling
the soft zero.

ТЕЛО

Пре двадесет година све људе на улици
замишљала бих као голе
скидала бих им одећу као од шале, и смешкала бих се

томе

како ходају несвесни онога што видим ја:
обиље блештавих тела у њиховом несавршенству и

слави.

Данас, док ходам улицама, не видим више нага
тела, већ њихове унутрашње органе:
срце оног човека загледаног у мале огласе за стан
дрхти скупљено на величину бебине песнице,
црева оног тамо, уморног, на клупи у парку,
кô морнарска ужад у тешкој врећи,
кости оне жене што споро прелази улицу,
већ сасвим налик крхким свиралама,
вене оне младе продавачице у радњи
са прескупом одећом у коју не свраћа нико,
те муње на пролећном небу, пред грмљавину,
плућа, бубреге, јетру, слезину, крв и лимфу,
нечије унутрашње ухо у којем одавно нема одјека,
материце на чијим зидовима дремају сенке
још нерођене деце, сперму што напиње реакторе
до пуцања, али се враћа у свој неми бездан тестиса
између две трафике, и оног човека
који одлази на пијацу да купи нешто зелениша
видим: мозак његов и главица купуса гледају се
данас, сасвим кокетно.

THE BODY

Twenty years ago, I imagined
passersby on the street naked
stripping their clothes like a breeze and chuckled at
them

walking unaware of what I saw:
plenty of sparkling bodies in their imperfections and
glory.

Today, as I walk the streets, I no longer see naked
bodies, but their internal organs:
the trembling heart, shrunk to a baby's fist,
of the man staring at small ads for an apartment;
bowels, like sailor ropes in a heavy bag,
of the one tired on a bench;
a woman's bones shuffling across the street
like fragile musical instruments;
veins of the young saleswoman at the empty store
with overpriced clothes;
lightning in the spring sky;
lungs; kidneys; liver; spleen; blood and lymph;
an inner ear no longer ringing;
the womb's walls shadowed by the slumber
of unborn babies;
sperm in the reactor on the brink of bursting,
retreats to its mute testicular abyss
between two newsstands; and the man
walking to the market to buy some greens
I see: his brain and a head of cabbage ogle each other
today quite coquettishly.

Пре двадесет година тело које видиш је
могло да има само кожу
након двадесет година има само органе,
тако ваљда, и сам путујеш некуда
унутра

Twenty years ago, the body you see
had only skin
but now, it has only organs;
so, I guess, that's how to reach
inside.

АРТ

Гомила људи гура се и саплиће
између две половине тела краве
изложене у формалдехиду
и запањено зури у њене органе
у потрази за срцем

Срце је изложено у посебној
сасвим малој просторији
у потрази за смислом

тамо нема никога

ART

A throng of visitors trips and jostles each other
between the bisected cow
encased in formaldehyde
they stare awed at its organs
search for its heart

The heart splayed
in a small adjacent room
seeks meaning

no one there

ЗАВИРИ

Цео свет може се свети
на садржај женске ташне:
нешто шминке,
нешто ситниша
за превоз између две даљине,
један долар, савијен
поред личне карте
и која марамица
за повремене слине,
чланске карте и кључеви
за браве које су замењене
и за оне које ће то тек бити,
спискови већ купљеног
и спискови непронађеног,
и визит картица скупог ресторана
као доказ да смо већ сити,
средства за смирење,
фластер за краткотрајне ране,
складиште карата
филмова одгледаних још лани

и пар фотографија ради сигурности
да оних који су на њима, заиста има,
и огледалце ради сигурности
да су неком другом одбројани дани.

И пар неплаћених рачуна
и на привеску за кључеве
пар бабуна,

и понека бомбона
и понекад бомба.

PEEK

The world can be reduced
to the contents of a woman's purse:
makeup,
loose change
to travel between two distances,
a folded dollar
stuck to an ID,
a Kleenex
for occasional snot,
membership cards and keys
to changed locks
and to those soon-to-be changed,
lists of purchased items,
to-do lists,
business cards from expensive restaurants
as proof of satiety,
tranquilizers,
small Band-Aids,
a bunch of ticket stubs
to last season's movies

a few photos, just in case,
to prove those in them indeed exist,
a compact mirror
to fend off a curse.

A few unpaid bills,
a key ring
with a pair of toy baboons,

a bonbon,
and the occasional bomb.

ИСТОРИЈА

Један век седне у крило своје скулптуре
и онда се упишки
онда то неко прогласи за фонтану
и деценију потом пије из ње
И каже не ваља
И онда
прави нову скулптуру и нову фонтану
И тако остану увек на дну новчићи
сасвим приватних жеља
и сиротиња то скупља,
као луда

HISTORY

A century sits in the lap of a sculpture
pees on itself
morphs into a fountain
for a decade drinks from it
Claims it is no good
And then
erects a new sculpture and a new fountain
The poor collect coins
of entrusted wishes
at the bottom
as if mad

ЧИСТКА

У јеку кречења стана
реших да кренем са библиотечком чистком
ал бацих само каталог издања из '85
и књига поезије неколико.

Од тада се полице љуљају и шкрипе
као туберкулозна плућа нечија, давна,
а за Достојевског упорно се лепи,
осиње гнездо, као мета-казна.

И сваке ноћи, из имена твог Осипе М.
путује омча до мог врата
и глава се, ипак, спушта сама:
свих мојих телефона бројке су у теби.

PURGE

Renovating my apartment,
I decide to purge my library
but toss only a catalog from 1985
and a few books of poetry.

In their wake, the bookshelves heave
like consumptive lungs,
a wasp nest pasted to Dostoyevsky
like a meta-punishment.

At night, from your name Osip M.,
a noose reaches for my neck
my head lolls:
all my phone numbers are in you.

НЕКО КУЦА

(страх од самоће у купатилу)

Ето простора, где си коначно сам.

Не чујеш куцање. Пригушио си чак и
срце, као да је пумпица за бицикл
којим треба кренути у тајну вожњу.

Зуриш нетремице у лице у огледалу,
и замишљаш како ћеш изгледати
кроз тридесет, четрдесет година.

И задрхтиш када видиш да ће бити све
сличније оном у раном детињству:
из дубине путује нешто на кашчици:
пто некада би чиста летња светлост,
бојиш се, биће сијалиа од 60 вати.

Шта сада да читаш: Библију за почетнике,
Треће око, модни журнал или љубавни роман
са прекратким уздасима

Десно, даска за неколико књига,
лево, даска за тебе.

Ето простора, где си коначно сам.
А одузима те, сваког јутра,
неко помало, и неко, увек,
чак ни када не чујеш,
сасвим тихо,
куца.

SOMEBODY KNOCKS
(*fear of loneliness in the bathroom*)

Here, a space where you're finally alone.

You don't hear the knocking. Your heart
muffled, like a bicycle pump
for a secret ride.

You stare at the face in the mirror,
and imagine what you'll look like
in thirty or forty years.

You shiver to see
your face returning to infancy:
within you something travels on a teaspoon:
clear summer light, you fear,
will dim to a 60 watt bulb.

What to read now: *The Bible for Beginners*,
Third Eye, a fashion magazine, or a romance
novel heavy with quickened breathing?

On the right, a shelf for a few books,
on the left, a toilet seat.

Here, a space where you're finally alone.

Yet, paralyzing you every morning,
sometimes, maybe always,
even when you don't hear anyone,
quite softly,
somebody knocks.

SMOKING / NO SMOKING

Обрадовала се пепељари у хотелској соби
у Клагенфурту илити Целовцу,
српска песникиња
пошто је претходно обишла Музилов музеј
где је један део равноправно одвојен
и за Ингеборг Бахман,
умрлу у у Риму, прича се,
у постељи, због жара једне цигарете.

Пустила је телевизор, сасвим тихо,
јер и град је био сасвим тих,
после седам увече.

На танкој нити водила је своје тело,
а није знала да ли игуану,
пудлу за музеј кућних љубимаца,
или црва што путује кроз натруло дрво
свеопштих историја.

Таксиста који ју је тог дана
два сата возио од аеродрома ка хотелу
све време је ћутао, јер је уљудан.
Рекао је тек, да је топло тих дана
а и иначе.

И узајамна тишина се свуда поштовала
као бродић који плови близу другог бродића
и не сме да му махне погрешном кретњом
јер би се то могло протумачити као SOS сигнал
а за то већ постоје посебне службе.

SMOKING / NO SMOKING

A Serbian poet saved by the ashtray
in her hotel room in Klagenfurt
after returning from
the Robert Musil Literature Museum.

The exhibit devoted to
Ingeborg Bachmann,
who died in Rome, they say,
in bed from a burning cigarette.

The poet turns on the TV, lowers the volume,
in a small quiet town
after seven PM.

With string, she leashes her body,
uncertain if she is an iguana,
a poodle from a pet museum,
or a worm burrowing through the rotten wood
of world history.

The taxi driver drove
two hours from the airport to the hotel
in polite silence.
He commented only on the hot day
and made other small talk.

Respectful silence is ubiquitous
a boat sails close to another boat
without permission to wave
so as not to be taken as a distress signal
requiring emergency services.

Обрадовала се пепељари, и умало изгорела,
пошто је остатак, брижљиво,
увила у тоалет-папир
и бацила у канту у купатилу,
размишљајући о могућим разликама.

Док јој је пепео већ вејао по глави,
све њене особине сводећи на исто,
на пријатно ђубриште без иједне.

Док се, тамо, вио дим као из
малог крематоријума, спојивши
један окрвављени уложак
и један окарминисани пикавац

у Једно.

Enthusing over the ashtray, she nearly singes herself,
as she wraps the butt, carefully,
in toilet paper
and tosses it in the bathroom bin,
pondering the juxtaposition.

As the ash swirls about her head,
blends her qualities
with the pleasant everyday trash.

Smoke, as from a small crematorium,
curls upward
fusing a bloody pad
and a lipsticked cigarette butt

into One.

ПОЗОР! ПЕСНИК

На светски дан поезије
уплаших се:
налетећу на песника у супермаркету.

Хлеб ће ми испарити из руку.
Со ће аутоматски постати библијска.
Иза стакленог рафа
свако месо биће део и мог тела.
И свака кост цитат Адамовог ребра.
Међу полицама са дестилатом
анакреонике у винским боцама
моћи ћу да преживим само унапред пијана.
Из врећа са кромпиром
провирић Шејмас Хини:
однесем ли га кући, желећу још само
да будем љупка овчица на ирским пољима.

Могла бих да купим још само
неопевани кечап,
храну за псе, бар она није овековечена у чудо
или тоалет папир: љубавна митологија
још увек није стигла до WC-a
нити је ко упроедио своју тугу
са напуштеним бидеом.

Мада поезија, песниче мој, јесте биде —
да би се угнездио у њој
ипак ти душа мора поседовати
нешто женске мекоте.

BEWARE, POET!

On World Poetry Day,
I dread bumping into a poet
at the supermarket.

Bread will molder in my hands.
Salt will turn Biblical.
At the butcher counter, every slab of meat: my body.
And every bone, a quotation about Adam's Rib.
In the aisles with fermented
anacreontics in wine bottles,
I'll survive only if I'm already drunk.
From a sack of potatoes,
Seamus Heaney will peek out: if I take him home, I'd yearn
to be a sweet sheep in Irish fields.

I can only buy
unsung ketchup,
dog food (that at least hasn't been preserved in verse),
or toilet paper: a mythology of love
has yet to remodel the washroom;
No one has compared sadness
to a neglected bidet.

Poetry, my dear poet, is a bidet —
to nest in it
your soul must possess
tenderness.

На светски дан поезије уплаших се:
преплавили су улице
попут птица из Хичкоковог филма.

После таквог искуства
зауставићу се испред рерне
као Силвија Плат.
И још ћу размишљати
шта да ставим у њу.

On World Poetry Day, I dread
poets flooding the streets like Hitchcock's birds.

After such an ordeal,
I'll stand before my oven
like Sylvia Plath.
But, I'll rethink
what to stick in it.

ЦРНА РОТКВА

Рендам црну роткву
док напољу
пада
ситан снег,

вејем љуткасте, беле пахуље
на даску од бамбусовог дрвета
а оне прште и на оно на шта не би смеле:
на сто, столице, кухињски под, руке.

Кад посечем прст
кап крви
упије белина.

Бог и ја, упослени сличним,
у јединству трајне разлике:
он без расипања пријатне љутине,
ја без једне капи крви
која љутину блажи
а да тога нисам ни свесна.

И тако, рендамо дуго
и једно и друго,
и једно друго,
док нас не савлада
ипак, увек иста
глад.

BLACK RADISH

I grate a black radish
as God grates snow,

I rub the spicy flakes
on the bamboo cutting board
they shoot onto the table,
the chairs, the kitchen floor, my hands.

I cut my finger
the whiteness
soaks up the blood.

God and I grate
in unison: He without losing
any delightful zest,
and I minus a few drops of blood
soothing a heat
I'm oblivious to.

So we grate,
He and I,
and grate one another,
until exhausted
by the same
hunger.

А напољу, мећава
изван нас одавно траје
и тако лако,
без икакве бриге,
помете сваки
па и заједнички
праг.

Outside, the blizzard
howls, with ease
and without a care,
buries our
and all other mutual
thresholds.

АУТОСТОП

Синоћ сам била аутостопер —
зауставила сам своју душу
на друму клизавом као ђавоља слуз.

Претварала се да ме не зна, проклета куја,
и да јој је моје лице потпуно туђе.

Уместо километара, пребројавала је
моје кости, као да набира ткање
на коме мољчаве рупе
настају пре последњег чвора и руба.

Уместо бензина, мешала је моју крв
са горком сумњом и талог илузија у лимфи
са искуством осетљиве коже и трулих гума.

Моју јужну изнуреност употребила је
за кроћење цесте
између празнине која се усеца у кожу
попут тупог ножа.

Систем мојих бубрега искористила
за сопствену прераду Бога:
од тада мокрих само млаку крв.
А онда, као мужици што одлазе у војну
у име поздрава, невидљивим концем
ми зашила брбљиву вулву
да бих у њеном одсуству
позорније опажала свет.

HITCHHIKING

Last night, I hitched a ride
from my soul
on a highway, slick as devil's snot.

My soul pretended I was a stranger,
damn it, and didn't recognize me.

It counted my bones for kilometrage
as if pleating moth eaten cloth.

For gasoline, it mixed my blood,
bitter doubt, the sediment of illusions in the lymph,
keen skin, and rotten tires.

It tamed the road
with my Mediterranean exhaustion.
Emptiness for comfort;
the void cutting skin
like a blunt knife.

My soul filtered its revision of God
through my kidneys:
I urinate lukewarm blood.
Like a Russian peasant joining the army
for the fanfare, my soul sewed
a chatty vulva on me with invisible thread.
Without my soul, I'd view the world more warily.

Привезану за гепек
шлепала је заједничку прошлост —
збуњено јагње што не зна
воде ли га на испашу или на клање.

И са сваким километром
отпадаху делови кола —
остадоше нам точкови у блату
и волан, закуцан за облак.

Израбљивала ме, сопствена душа
на лоше процене понекад пристајеш сам.
И рекла ми: „Самаританка сам
и зато те примих,
а видим да гуме лакше подносе
тежу часа него нас две."

А онда, створила тек промају у мени,
ушавши ми на једно
и изашавши на друго ухо.
Као да се није ни догодило ништа.

Само су се бубне опне мало зањихале:
те круте завесе собе у којој
већ дуго не станује нико.

It schlepped our shared past
tied to the trunk — a baffled lamb not knowing
whether it's taken to graze or to slaughter.

With every kilometer
car parts fell off —
our wheels stuck in mud,
the steering wheel nailed to a cloud.
Betrayed, I accepted my poor judgment.

It confided, "I'm a Samaritan
so I picked you up.
Tires bear better than we do
the gravity of the hour."

Undetected, it opened a draft in my empty head.
Only my eardrums stirred:
stiff curtains
of a long vacated room.

ГРАДОВИ

У једном граду
твоја сенка је завршила
у шољици прве, јутарње кафе
и била попијена, пре него
што су руб дотакла
нечија друга, очајна уста.

У другом је остала заглављена
између врата собе
у коју си се кладио
да ћеш поново ући.
Али ниси. Поштено.

У трећем је остала,
огледајући се у барици бензина
преламајући дугине боје
и смрад свој назвала
мирисом
цивилизацијског приоритета.

У четвртом ти је исклизнула,
скоро са целом душом,
у интерфон, јер је неко
веома важан
стајао доле. И рекла је
„Да, молим", и погрбљена
остала да стоји
искривљена у знак питања.
У петом је заволела фасаде

CITIES

In the first city,
your shadow ends
in the first morning coffee
before someone's desperate mouth
swallows it.

In the second, it catches
in the doorway of a room
you were sure
you'd return to.
But you don't. So be it.

In the third, it peers
at its reflection in
a gasoline's rainbow puddle
and names its stench
the force of civilization.

In the fourth, it tugs at your whole soul,
and slips into the intercom
while someone important
waits to be buzzed in. It says,
"How can I help you" and slouches
into a question mark.

и осталала тамо, да брани
остатке невероватно лепог
од остатка већ давно
невероватно распаднутог.

У шестом се, са стидом
сакрила у новчаник
и тек нехотице, обојила
твоју слику у личној карти
у црно.

У седмом је исцурела
кроз сливник хотелске собе,
зато што си лежао у кади,
удвоје. Није поднела
терет тако слатке
множине.

У осмом је остала још на граници
тако да си био приморан
да кроз цео град
следиш самог себе.

У деветом је поклопила
попут, сенке, Црњанског,
сенку, неког, птичијег, крила
и две смрти су се спојиле
у нежној хармонији.

У десетом, и пред десетим,
више је
чак ни у нејасним траговима
није било.

In the fifth, it grows to love facades
and remains to defend
the rubble of illegible beauty
long since fallen in ruins.

In the sixth, it slinks
into a wallet
and blackens
your ID photo.

In the seventh, it seeps
into the drain of a hotel sink.
You couple in the tub
but it can't bear
the burden of such a sweet
cluster.

In the eighth, it's detained
at the border;
shadowless,
you're forced to follow
yourself through the city.

In the ninth, it envelops
like Crnjanski's shadow,
the shadow of a bird wing,
and two deaths merge
in gentle harmony.

At the city limits of the tenth,
even its faintest tracks
disappear.

Или се, од свих малих селидби
претворила у поуздане бројке
или је већ припала
неком сасвим другом.

Perhaps from all the wandering,
it embodies the constancy of numbers,
or, maybe now it belongs
to someone else.

ПАДАЊЕ У НАСЕЉЕНИ ПРЕДЕО

да дуго падамо са врха
листа траве
и никада се не посечемо о њихов руб,
да то буде лет у насељени предео
и да треперимо, опипавамо,
ширимо се преко својих граница,
да буде нешто нас у сваком тесном
осмеху који бисмо могли срести,
чекању бицикла крај зида,
сненим очима возача, ширењу зеница,
да не пречујемо тишину у шуму
причања, да се не догоди да
не приметимо руке, спуштене усред кретања
два тела која заједно са лишћем клизе кроз неки парк,
да не заборавимо на додир
коже и дугог звецкања,
када камен разбија стакло и тихог шуштања
спреја што пише по бетону, да осећамо
како талас лови талас
лови талас и коначно чини кретање,
како се речи подижу, пене и глатке,
а ућутале ствари проговоре,
да прсти на ногама пронађу ослонац на зиду,
да будемо заједно
и сами,
и да на крају не превидимо онај тренутак,
када се у јутарњем мраку
погасе улична светла

FALLING INTO A RESIDENTIAL AREA

To fall from the top
of a blade of grass
without cutting ourselves along its edges;
to fall into a residential area,
to flicker, to feel our way,
beyond our limits, into a tight smile,
onto the bicycle leaning against a wall,
into sleepy drivers' eyes, into dilated pupils;
to not overlook the pauses in the murmur
of speech; to not ignore
hands swinging at the sides
of two bodies gliding over foliage in a park;
to not forget the touch
of skin, the resounding crack
of a rock smashing a window, and the quiet rustle
of spraying paint on the pavement; to feel
a wave hunt a wave
hunt a wave and at last
lift words, foamy and slick,
so silenced objects can speak up,
so toes can press against a wall,
to be together
and alone;
to not overlook the moment of
the darkened street lamps
in the predawn.

ТЕСЛА НА ОДМОРУ

Ходам дуго
кроз новобеоградске блокове
завијене у потпуни мрак

Струје неће бити до у ситне сате

Удидио се тржни центар број 1
удидио се тржни центар број 2
удидио се тржни центар број 3

испред њега блесаво псето жваће празну кесу
на којој пише „СА НАМА ЈЕ ЛАКШЕ“
и цепа је на пластичне резанце лако
као да никада није било ни лепше ни слађе
док му фарба штампаних слова
боји гладне зубе

Само тржни центар број 4 ради на агрегат
а у њему никога
сви отишли привучени мраком,
до ближње реке
не памти се да их је икада било више

Седе тамо на клупицама, у тишини,
зуре у непрозирно,
у нешто што час јесте, час није

Првих пола сата размишљају о томе
да ли су *Долче и Габана* један или двојица

TESLA ON VACATION

A long walk
past New Belgrade's blocks
wrapped in complete darkness

Electricity will be out till early in the morning

Mall number 1 blacked out
Mall number 2 blacked out
Mall number 3 blacked out

In front of him, a silly dog shreds an empty bag
printed with *IT IS EASIER*
WITH US and rips the plastic ribbons
hungrily as if it couldn't be more savory or sweet
the ink from the bag's lettering
stains his bared fangs

Only the backup generator works in mall number 4
but nobody's inside
everyone left, attracted by the dark
drawn to the nearby river
more crowded now than it's ever been

They sit there on the bench, in silence,
staring into the murk,
discerning its phantom shapes

For the first half hour, they wonder
whether Dolce & Gabbana is one or two people

у наредних сат већ виде да
и у том мрклом мраку
на сваком педљу
нешто светли

чак и сваки нокат
чак и маљице на рукама
чак и беоњаче као што никада нису
чак и свака травка

чак и разлог да утрне жижак
у том меком мраку под њом

For the next hour, they stare
into the pitch black
till from every corner
something shines

every fingernail
every hair on the back of the hands
every white of the eye shines as never before
every blade of grass

even the reasoning itself to extinguish a wick
shines under the soft black of the blades of grass

БАР-КОД ДЕВОЈКА

У нека давна времена, док је била дете
постидела би се када би јој друг
у шали налепио цену на леђа
маркицу из супермаркета
скинуту са неког производа

А сада, гле, свака друга реч јој
вредим, како ценим, и по цену
овога или онога *моја цена је*
цена мог живота

С поносом носи
истетовиран бар-код на истим тим леђима
свакодневно смело седа
шатро будућности у крило
прождире имена-пуслице

У њеном тањиру невидљивом врпцом
везаном око врата
пливају лица оних које не памти
— корнфлекс пахуљице

И док одлази — а увек мора да оде —
свако пиштање свог тела на вратима
чује као Бетовенову Ероику
иако је то у ствари крик галеба који се спушта
на депонију

А тако мало тако мало
јој је фалило да буде барем
уље,
шећер,

BARCODE GIRL

As a child, a joking friend
embarrassed her by
sticking a price tag from an item
at the supermarket
to her back

Now, lo and behold, every other word from her
is *my worth, I value*, and *at the cost of*
this or that *my price is*
the price of my life

She proudly displays
a barcode tattooed on that same back
confidently sits down daily
a fake future in her lap
— devouring brand name cereal

On her plate swim the faces
of those she forgot,
an invisible noose
around their necks
— cereal flakes

As she leaves – and she always does —
every alarm her body sets off at a store
is Beethoven's "Eroica" to her ears
or the cry of a gull swooping
on a landfill

At one time,
she could have been
cooking oil,

брашно,
путер,
јогурт,
млеко,
хлеб,
абразивно средство,
обична сијалица,

или једноставно
само со.

sugar,
flour,
butter,
yogurt,
milk,
bread,
a scrubbing cleanser,
an ordinary light bulb,

or simply
salt.

СНОВИ НА ТОЧОВИМА
(*Аутобус 5*)

Сањала сам аутобус који превози
само снове. Тамо, на станици, стајали су људи
и испраћали их са тремом, дрхћући,
као малу децу коју први пут саму
шаљу некуда.

Аутобус је био сасвим празан.
Тек наизглед. Врата су дуго стајала отворена.

Неко са станице је чак дубоко у себи
замолио свој сан да не дозволи
отварање прозора помисливши на промају.
Или нестанак.

Неко са станице се дубоко у себи
кајао јер је помислио како то није био
баш прави сан који би се могао послати тек тако, у
                                        бестрага.

Неко са станице је носио са собом
половину чоколаде грицкане у ситним сатима
верујући да ће његовом сну затребати остатак сласти.

Било је страшно и тешко тек тако пустити своје снове
некуда где ће
и сами можда сести за волан.

Али најстрашније од свега, било је свима то
да ће се можда баш њихов сан, у тој гужви
помешати са другима.

DREAMS ON WHEELS
(Bus 5)

I dreamt of a dream-carrying bus.
At the bus station, sleepers
nervously bid their dreams farewell
as if sending children off
for the first time.

The door of the empty bus
stays open for a long time.

One sleeper dreads
her dream may open a window
and catch a draft.
Or disappear.

Another sleeper regrets
thinking his isn't the right
dream to send off to nowhere.

Yet another carries a chocolate
nibbled on in the small hours
believing his dream craves its sweetness.

How difficult it is
to risk letting one's dreams ˙
grab the wheel.

But the most horrifying of all:
letting one's dream mingle
with everyone else's.

*   *   *

Једном, сањала сам кугу —
на хиљаде заражених, у брезовој шуми
водили су љубав
гулећи леђима стабла,
дишући снажно као олуја
затворена међу мирним дрвећем:

Као да гибањем тела дозивају дух подземних вода
Кроз крошње протерујући и дан и одузети им век.

Изненађени: јер сваки прст, глежањ и бедро
беху покренуто чудо
сваки покрет, гипка радост чула.
Некад простор сумње и стида,
сада обиља, истинитог.

Из далека, чинило се: сасвим бела тела
су дрвеће што се гибањем присећа
заборављеног пира.
А осећање смрти, за сваког
тек одора од трава на коју се дише:

За стотине њих што су се пробијали уз стабла
као уз лоше срасле кости
изнова опипавајући свет обећан другима.
И као да се ништа није разликовало
од еденског врта
осим увјерености да је он ипак негде другде:
чудесним болом поново покренут свет.

* * *

I once dreamt of a plague —
thousands diseased, in a birch forest
made love
their backs chaffed the trunks
panted like a storm
trapped among still trees:

their swollen bodies invoke the spirit of ground water.
Through treetops, they banish both day
and the short lease of life.

Surprised by every finger, ankle and thigh
a miracle in motion
every move, the supple joy of senses.
A space filled with doubt and shame,
now packed with wealth and truth.

From a distance, it seemed: stark white bodies
are trees, their swelling evokes
forgotten revelry.
The feeling of death, bodies
breathe their grass shroud:

Hundreds nailed to trees
like disjointed bones
a world promised to others.
Like the Garden of Eden,
except they know it's not:
a newly moved world with miraculous pain.

Једном, у том сну о куги, после кога је буђење
отварало очи као два гроба
које напуштаху нечији удови целе ноћи,
сасвим споро, као да прелазе, не руб, већ растојање
од хиљаду миља.

On waking,
my eyes open like two graves.
Limbs disentangle the whole night
like the sluggish crossing of a thousand miles.

СНЕГ У ЦИПЕЛАМА

Не гради се кућа на збиркама есцајга
мада која кашика више
понекад добро дође.

Не гради се кућа на новим завесама
мада другачије погледе
с времена на време
треба заклонити новим платном.

Да би дом био дом, између осталог
треба ти и много тога
чега би се унапред
одрекао, врло радо.

Слушај шта кажу Ескими:
да би се саградио добар игло
годинама мораш да носиш
снег у ципелама.

И шпенадлу, заборављену
у оковратнику капута,
близу жиле куцавице.

SNOW IN YOUR SHOES

Cutlery does not a home make
though an extra spoon
comes in handy.

New curtains do not a home make
though some windows
are best covered.

For a home to be a home,
you need many items
you'd rather have discarded.

What Eskimos advise:
build a sturdy igloo with
snow in your shoes;

a safety pin, forgotten
in the coat collar
at your jugular.

РОДА У СНЕГУ

Пре недељу дана у пољу крај реке
видео си роду
стајала је тамо, у снегу,
под крошњом дивље јабуке, сасвим мирна

Партнер јој умро, а она
није одлетела на југ
смрзавала се тамо и само је мрдала кљуном
у простору неког шибљика твог детињства

А ја се питам
шта би било када би изненада
неколико рода тамо са југа
променило правац свог лета
помешавши стране света
и када би се вратиле тој једној, самотној, поблесавелој
која више не разликује снег од свог перја
и сада гура кљун
под корицу леда танким слојем
пахуља прекривену

Да ли би онда и свет променио правац
да ли би њиме потекле саме пролеће воде
да ли би можда небом летеле саме бебе неношене
истим тим родама којима је било речено
да морају некуда једном годишње отпутују
и да тамо увек треба да носе врхове крила
умочена у мастило, баш због тих страница

Или би једно детињство и даље лежало
у дубоком снегу и чекало
да му се врати прво слово
лепше написано

STORK IN THE SNOW

Last week in a field by a river
you saw a stork
standing in the snow
under an apple tree, quite still

Her mate died, and she
hasn't flown south
she's freezing and only clatters her bill
in the brush of your childhood

What would happen if
a few storks migrating south
reversed their flight
confusing the four cardinal points
and returned to the lonely crazed stork
unable to tell the snow from its feathers
plunging its bill
through thin snow covered ice

Would then the world reverse its spin
would spring waters still flow
would babies fly uncarried
by those same storks
migrating annually
their wings dipped in ink
for those pages

Or would another childhood lie buried
in the deep snow and wait
for its first letter to return
more beautifully conceived

ЧИСТИНА
(страх од титраја крила)

> *Трава је пуна тебе.*
> *Дрвеће је за тебе.*
> *Сва ширина ноћи је за тебе.*
> *Ја које дотиче све ивице*
> *Постајеш ја које испуњава четири угла ноћи.*
>
> Волас Стивенс, *Зец као краљ духова*

То је чистина, осунчани пропланак
међу тихим дрвећем, у касно поподне,
о којем си одавно сањарила. Нигде никог.

И само светлост пада на твоје крзно. Меко.
Као да је прва. Између погледа и неба
сада промиче тек семе маслачка,
као грудвица паучине која те не пита за име.

И између тебе и јасних мисли, само питање
што не тражи одговор Зна ли куда иде?
И тако је лепо, на тренутак, живети као трава.

И онда, одједном, као у полусну, у тој
тишини што је од тебе начинила инструмент,

титрај малих птичијих крила, однекуд.
И задрхтиш, као да држиш сићушну зебу у џепу,
и као да си коначно одговорна
за један, не само свој живот.

CLEARING

(fear of quivering wings)

> "The grass is full
>
> And full of yourself. The trees around are for you,
> The whole of the wideness of night is for you,
> A self that touches all edges,
>
> You become a self that fills the four corners of night."
>
> "A Rabbit as King of The Ghosts" by Wallace Stevens

A sunlit glade among still trees
in the late afternoon
of an ancient dream. Alone.

Your shiny fur. Soft.
First light. A dandelion seed
floats over the clearing,
a spider web won't ask your name.

Between clear thoughts and you,
a rhetorical question: does it know where it's going?
So pleasant, for a moment, alive as grass.

In the half-dream silence
molding you into an instrument,

a quiver of small wings.
You shudder, caring for a tiny chaffinch in your pocket,
responsible for a life
not your own.

И не знаш је ли то радост, или страх.
А можда јесте обоје.

И потом читаво јато прхне из крошње,
попут хиљаду варница послатих у име
плаветнила које је увек једно и једино.

И страх твој постане радост, јер изненада,
срце твоје куца свуда, и у семењу
траве те, на чистини: још увек исте.

You don't know if it's joy or fear.
Perhaps both.

A whole flock flits from the trees,
like a thousand sparks
into the unique name of blue.

Your fear suddenly shifts to joy,
your heart resounds everywhere, in the seeds,
the grass, and in the clearing: all one.

КОЛУМБИЈА

Изађеш на улицу, кад
велики облак стоји пред тобом
у равни ти чела, толико близу да могли бисте
да потапшете један другог по рамену,
и ти и облак, изненада, попричате о свему

Облак велики као атомска печурка
а бео као памук најпамучнији
одлебдео са оних тамо поља

Закорачиш
Уђеш у њега
И, одједном, нема те

Чак те ни андски кондор
видео није

Док одасвуд одјекује песма колумбијске деце
која рецитују поезију за одрасле, ону, о срцу,
о души што увек залута негде па се никад не врати

После ујутру заједно једете пржене банане
и дуго одјекује смех

COLOMBIA

As you walk out on the street
a big cloud looks you straight
in the eye, so close you can
pat each other on the shoulder
and have a chat

A cloud, mushroom cloud big
so cottony, it must have
floated from the fields

You step inside
and disappear

Not even the Andean condor
can see you

Colombian children's voices resound
reciting grownup poetry about the heart,
the soul always wandering

In the morning, you eat fried plantains
and laughter echoes over and over.

СПАВАТИ СА МЕДВЕДИМА

(страх од „подетињити")

Имам тридесет и четири године
и почињем да спавам са медведима

Јуче претурах по кеси у којој је
стајало шћућурено
неко плишано доба, годинама

Вече скоро да препалаках, јер открих —
једном је уместо носа
деценијама била забијена црна чиода

Извадих је, нежно, пинцетом, онда

ставих меко дугменце, нађох ћебенце

И до у ситне сате гледах кратке
ТВ документарце
о плишаним медведима још из 19. века
и о специјалним болницама у Лондону
у које их шаљу на лечење од прашине
па на поновно интензивно пуњење

И видех: једном, мом, усахлом,
глава лежи на раменима; испразних
стомак од тридесет година старих крпа,
напуних га сунђерастим улошцима
за push-up брусхлатере, које сам
дуго чувала у разним орманима

SLEEPING WITH TEDDY BEARS

(fear of revisiting childhood)

At thirty-four
I began sleeping with teddy bears

Yesterday, I rummaged through a bag
where a plush period of my life
lay huddled for years

I cried almost through the night when I found —
one of them had a black pin
where its nose used to be

I pulled it out, gently, with tweezers,

sewed on a soft little button, found a little blanket

Late into the night, I watched
short documentaries
about plush teddy bears from the 19th century
and the special London hospitals
where they were dusted off
and re-stuffed

I look over at one of mine, emaciated
its head slung against its shoulder: I emptied out
its stomach worth thirty years of old rags,
I stuffed it with padding
from a push-up bra taken from my closet

И потроших пола бојлера
потапајући у лавор три медведа;
сапуница је била црна
и све време ми је било жао

И док сам их држала под водом
дошло ми да им у њушку ставим
сламчицу, да би могли
барем мало ваздуха да сишу

И када су на површину испливали
остаци сунђера и нешто
мрке пиљевине, схватих,
увелико на моја плућа дишу

Да су стајала мирно деценијама
сигурно би била другачија,
без облака, мрље, та, гарава,
понекад кркљава плућа
а ипак моја

И после сушења, заспали смо
тише, чак и мирније
него остарели љубавници
у све ближем, вечном загрљају
сасвим монотоних боја

Док нам је над главама
кружила невидљива игла,
двоумећи се кога ће
прво морати да зашије

I used up half the water from the boiler
washing three teddy bears:
the black soapsuds
saddened me

Submerging them
I wanted to insert a straw
into their muzzles so they could breathe

When they resurfaced
along with the remains of bra pads
and sodden sawdust it dawned on me
they breathe through my lungs

Had my lungs idled for decades
they'd be without clouds, spotless,
but those grimy and sometimes
wheezing lungs
are still mine

After drying them, we fell asleep
quietly, more peacefully
than old lovers
in an intimate, perpetual embrace
of monochrome shades

Over our heads
an invisible pin circled
wondering which one of us
to sow up first.

ОГЛЕДАЛО, ИЗНЕНАДА
(*страх од жене*)

Увек ти пада на памет
један тренутак
од којег ти се кожа најежи
и срце закуца брже попут воза
што свесно јури ка прекиду шина

Како, све чешће, уз јутарњу кафу
облачи твоју мајицу што јој, додуше,
допире до колена, и јамице на
коленима јој се изненада смеше

И твоју кошуљу под којом јој се полако
назире трбушчић; и твоје чарапе,
након тек налакираних ноктију —
због црвеног трага размазаног на ткани под стопалима
већ мислиш да си Исус

И користи, случајно, твој жилет
подижући ногу ка рубу који дели
милост увек истог подземља и цеви
од воде никад једнако топле или хладне

И већ ти отпадају длачице
тамо где не треба и не би смело,
и уместо њих расте ситно,
пољско цвеће, од чијег мириса
ноћима не можеш да спаваш

И одједном, тако проклето
личиш на њу

MIRROR, SUDDENLY
(fear of woman)

Panic hits you
like a runaway train
rushing to the end of the tracks

During morning coffee
she wears your t-shirt
reaching to her knees; her knee-dimples
unwittingly smile

You can barely discern her tummy
under your shirt; your socks stained
from her freshly painted toenails —
a red streak smudges
the rug under your feet;
you believe you're Jesus

And then, lifting her leg against the edge
of the tub, she shaves with your razor;
the mercy beneath the ground, the water
never warm or cold enough

And then, your body hair thins
where it shouldn't and isn't supposed to;
instead, tiny wildflowers
sprout, their scent
keeps you up at night

And suddenly, so damningly, you become her

КОЛИКО ЈЕ САТИ
(*страх од мушкарца*)

Он има сасвим леп, мали ручни сат
на коме су сказаљке у облику
женских бедара
спојених само у поноћ

Али и тада их покоси и раздвоји
секундара, као самурајски мач
и већ је вече, не твоје

Како да идеш у биоскоп итд.
када не знаш хоћете ли се венчати
а и пријатељице већ сецкају конфете
од припремљених уздаха, јер би хтеле
да се радују нечему конкретном

Како да идеш у биоскоп итд.
када би му већ дала оба своја бедра
да њима замени те сказаљке

али не знаш, нити те интересује

не како ћеш онда ходати
већ хоћете ли се венчати

IT'S ABOUT TIME

(fear of man)

He has a handsome wristwatch;
the hands, shaped like women's thighs,
close only at midnight

The second hand swipes them open
like a samurai sword;
it's evening already, but not for you

Why go to the movies, etc.
when you're not married;
your girlfriends cut confetti
from prepared sighs
anticipating the big day

Why go to the movies, etc.
You want to offer him your thighs
in place of his watch hands

You aren't concerned
about walking without legs

only about getting married

СУПРУЖНИЦИ ЗА ТАСТАТУРАМА
(*страх од близине*)

Седећемо у истој спаваћој соби,
ћутећи, свако за својим столом,
и слати једно другом најпре опширна,
а онда врло штура писма
преко интернета.

На крају ни то, већ само потписе
уз питање
Јеси ли за кафу, чај, пољубац,
или ни за шта.

Екрани ће горети и зујати
од вишка памћења онога
што смо оставили у ходнику
гласне ранобрачне историје.

Утискујући се целим телом
у белину стакла као некада у снег
правићемо пале анђеле
тежине милион гигабајта
од којих се руши и најчвршћи систем.

*Оно што ће преживети биће плаво
као око гиљотине.* *

Оно што проговори:
столови, столице, пепељаре и подови
надгласаваће једно друго
позајмивши само облик
наше некадашње близине.

*Адам Загајевски, *Референдум*

SPOUSES AT KEYBOARDS

(fear of intimacy)

Silent in our bedroom
we sit at separate desks
and send each other lengthy,
then sparse emails.

In the end, only closings
with a question: Can I get you
coffee, tea, a kiss,
or anything?

Our monitors glow and hum
from the excess memory
of what's left in the hallway:
our noisy marital beginnings.

We imprint our bodies
into the screen's whiteness
as in snow,
create fallen angels
a million gigabytes' worth and
crash the most powerful computer.

"Whatever survives will be blue
as a guillotine's eye."*

Whatever speaks,
desks, chairs, ashtrays and floors,
drowns one another,
borrows only the shape of
our past intimacy.

*Adam Zagajewski, "Referendum" (trans. Clare Cavanagh)

7Н УЈУТРУ
(*страх од звоњаве телефона*)

Све смрти су се јављале рано ујутру. Тихо,
паучина између измаглице сањаног и јаве,
неко би рекао, жао ми је, и у слушалици би настао
шум, продужено шуштање срца које још увек

не пристаје на потпуни мук; а само ти си знала
да то срце, још увек, и те како добро чујеш, и да
нису у питању сметње на везама, него да веза
тек почиње, она друга, за коју ти, на крају крајева,

није потребно ни време, ни тако непроменљиво небо,
ни тако колебљиви, а лепи облаци који памћења, осим
својих свакодневних, каприциозних смрти, немају.

Задрхтала си опет, када је звонило. Са друге стране
неки мушки глас је тражио своју жену, ту и ту, и у 7ħ
ујутро, никако ниси могла да га убедиш да то ниси ти.

7 AM
(fear of the ringing phone)

A ringing phone in the morning signals a death. Quietly,
through the cobweb separating the mist of dreams from wakefulness,
the I'm-sorry-for-your-loss, followed by a murmur,
the prolonged murmur of the heart

incredulous at the dumb silence; but only you
can hear that heart clearly, not a bad connection,
but a new connection not requiring

the same time zone or stable weather;
the pretty fickle clouds, besides their daily
capricious deaths, without memories.

You tremble when it rings again. On the other end,
a male voice asks to speak to his wife, or some such,
at 7 AM, and you can't convince him you aren't she.

УКРШТЕНЕ РЕЧИ
(страх где ме има, где ме нема)

За маму

ПЕСНИКИЊА, АНА

Особина ружних снова:	кошма**р**ност
Исток:	**и**
Временитост (мн):	старо**с**ти
Место за склањање:	склониш**т**е
Дабар (грч.лат.)	кас**т**о**р**
Надштимати у певању:	натпе**в**ати
Просторија за штитање:	читал**и**ште
Мали шешљеви:	чешљи**ћ**и

(преузето из Политикиног *магазина)*

Пронашла си ме у недељним укрштеницама,
уз поподневну кафу, и питала се има ли ме
у суседној соби, јер шумео је компјутер,
али он шуми и када нисам ту, та досадна

справа; и све што те је интересовало, било је
сањам ли лепе снове, а не кошмаре; када
мислим на запад, мислим ли, ипак, на исток;
схватам ли да је младост продужено стање

у којем треба да учествујем здушно; знам
ли да је дом тамо где је читалиште, и скониште
тамо где знам да стишам глас, прејак, који би
требало да штедим за укрштање паметнијих речи;

CROSSWORD PUZZLE

(fear: where I am, where I'm not)

for mother

POET, ANA –

a trait of bad dreams:	*nightmariness*
east:	*sunrise*
advanced in years (pl.):	*seniors*
a place to hide:	*shelter*
singing competition:	*outsing*
castor:	*beaver*
a space for reading:	*reading room*
little combs:	*mini combs*

(taken from the newspaper Politika*)*

You found me in Sunday's crossword puzzle
during afternoon coffee and thought I was
in the next room; my computer whirs
even when I'm not there

(such an annoying machine). You wanted to know:
Do I have pleasant dreams or **nightmares**?
Do I confuse west with **east**?
Do I know youth is a prolonged state

and that I should participate with zeal? Do I know
home is where the **reading room** is, and that **shelter**
is where I know to lower my booming voice,
which I should reserve for more clever crosswords?

Размишљам ли о томе ко ме може или не може
натпевати; и користим ли, изјутра, дрвене чешљиће
са Дивчибара, што чине да коса, са годинама,
још бујније расте, а крв појури тамо, где треба,

помаду пред спавање, витамине пред оно,
кратко, свакодневно умирање, кад мислим
нема ме осим у оним нагомиланим словима

И јесам ли доручковала, ручала и вечерала, и шта

А даброви, никада, они се ионако, скоро увек
врте око нуле, осим ако од тога не могу да
им направим достоју омчу, или да, заслуже ли,
кажем Ооооооооооооооооооо . . . Ти си. Ох.

Једна, ионако, увек чека на мене. Омча или
нула. У облику округлог, још ненаписаног вокала.

Do I fixate on who can or cannot **outsing** me?
In the morning, do I affix wood **mini combs**
from Divčibari? They thicken the hair
and circulate the blood.

Do I apply night cream and take vitamins
despite the slow daily dying? I'm not
dying except in those arranged letters.

Do I have breakfast, lunch and dinner? Do I know

that the **beaver** should never be reduced to
zero unless I can make from it
a suitable noose? Or, do I think it deserves the zero?
I say: Oooooooooooooooooo . . . You do. Oh.

The noose or the zero. One of them waits for me.
The shape of a round unwritten vowel.

МИШИМА

Из вечери у вече, мајка чита:
„Кодекс самурајских вештина”:
свако ново јутро је белина тела
коју открије
растворени црни кимоно —
врх сечива треба забости
што дубље.

Са данима се носити
као са блиском кожом увек спремном
на сепуку.

Крај узглавља, уместо Библије
држати Мишиму чије корице
personал кутији од липових дашчица.

Из њих и најтужнију истину
бирати пажљиво прстима, као да је
трешњин цвет
коме се ритуално, два мала демона —
демон сећања и демон заборава —
клањају у исто време.

Из вечери у вече, мајка изучава
самурајске тајне: пред спавање
места у књизи обележава иглом
склизнулом низ пробуђени вулкан
расплетене пунђе.

MISHIMA

At night my mother reads
The Way of the Samurai:
dawn is the whiteness of the body
exposed by the opened
black kimono —
the blade tip should be
plunged as deep as possible.

One must greet the day
as if the skin is always ready for
seppuku.

At bedside, in place of the Bible
one should keep Mishima; his book covers
like boxes of little linden slats.

From them, one should pluck
even the saddest story
like a cherry blossom
the demons of memory and oblivion
ritually bow down.

My mother studies
Samurai secrets at bedtime;
she bookmarks them with the hairpin
plucked from the lava flow
of an undone hair bun.

Само она зна: постоји
још један, неписани закон који каже
да су године завеса од папирних птица
кроз коју се треба провући
очувавши тишину,
а погрешним речима и сувишним дахом
не заљуљати ниједну.

Поднети само
благи шум малих крила
на леђима.

Only she knows
the unwritten code:
years are a curtain of origami birds
one must slip through
preserving silence
without disturbing a single fold
with wrong words or wasted breath.

One must bear
the flutter of small wings
at one's back.

ТАТА

Када се девојчица пробуди, под јастуком налази
фигуре начињене од воска: глатка, од прстију
топла тела малих људи без лица,
жуте змије заустављене у лаком кривудању,
коње чији су репови високо извијени
као да је восак сачувао нешто од неухватљивог пламена свеће,
          облике које је пријатно
држати у шаци, јер прст остави отисак,
чудни сплет линија затворених
у хармонију кругова.
Отац је заузет нечим што држи између палца и кажипрста,
седећи за столом, крај накривљене свеће.
Пламичци су палацаве змије из понављаног сна,
опипавају врхове пушних папуча. Пред саму зору,
одлази на обалу реке и тамо дуго
посматра рибе које узлећу над водом
као бритки сребрни ножеви.
Друга страна реке на коју никада неће стићи
је свакако, његова: мотор чамца је обавијен
зеленим ледом, а вода одвећ хладна и непрозирна.
И ујутру треба говорити сасвим тихо,
јер се крај ногу читав свет обрушава
и поново ниче са земље, у виду лаких,
стаклених торњева.
Твоји мали анђели чија крила уместо светог праха
носе струговину,
Твој гавран — прва црна кап мастила,
Твоја свиња на ружичастој узици која те прати

DAD

A girl wakes and under her pillow discovers
wax figurines: the smooth, soft
warm bodies of tiny faceless people,
yellow snakes set in supple twisting,
horses with lush bouncy tails
as if the wax preserved
the elusive candle's pleasant shapes
for the hand; fingers impress
an odd web of knit lines
and compact circles.

Seated by a lilting candle, father holds a figure
between thumb and index finger;
like a motif from a dream, a snake of flames
strikes at the toes of ripped slippers. At dawn,
he walks to the river bank and gazes
at the fish leaping out of the water
like silver knives.

He'll never reach the opposite bank:
green ice encases the boat engine,
the freezing opaque water.

In the morning, whisper;
at its feet the entire world crumbles,
yet, from the ground sprouts light,
and glass towers.

In place of holy ash, cherubs
lug sawdust,
the raven — the first black ink drop,
the swine on a pink leash follows you

тарући њушку час о једно час о друго твоје колено,
Твоји предмети за свакодневну употребу,
дрвени јастук за дрвени кревет у коме ће
лажно време огледати своје додворачко,
успијено лице,
ваздух, свакако твој, пун птица као
свтлуцаве, прашине, и наравно,
она превртљива ружа која ти окреће час једно
час друго своје имагинарно лице,
пролазе кроз кључаоницу тих затворених врата:
унутрашњост планина отвара се, временом,
као преврнута рукавица.
А поезија је уклета јер су речи које
нико није смео дадирунути, нанизане
на паукову нит. И твоје лице у згрченој шаци
је љуштура за дан: празници и летње забаве
су од лажног сребра, треба прибећи расутој трави,
поврх примирене воде, као методи.

На дохват руке — тај умножени, варљиви простор
опробан у многоструком трајању,
на дохват ковитлавом снегу и твоји прсти
већ опробани у корењу древног дрвећа.
Оштром као врх пера, истинита руља,
почетна светлост и прво издајство
пронађене речи.

rubbing its snout against your knees,
your mundane items
a hard pillow for the hard bed
mirror the false time flattering
your affected face,
your air is filled with birds
like glistening dust
the two-faced rose displays
both faux-visages,
objects that fit the keyhole of the closed door:
mountains open up
like a glove turned inside out.
Poetry is cursed — no one can approach
its words strung together
on a spider web. Your face in a clenched hand
your shell during the day: holidays and summer parties
like fake silver, the sole haven of kicked up grass
beside the still water.

Within reach — that deceitful space
trying in its longevity,
within reach of whirling snow and fingers
proven in the roots of ancient trees.
Like a sharp feather, a perfect rose,
budding light and the first betrayal
of the found word.

ГЛЕДАЈУЋИ У ДРВЕЋЕ
(*страх од тога да нећеш чути*)

Здраво тата. Овде ничега новог под небом.
Али, процветала је она трешња коју посадисмо
пред зградом. Већ допире до четвртог спрата,
а била је обичан прутић. Некада, када би слетео

врабац, тежином би сасвим повио танану грану.
Сада слеће читаво јато, и тек понекад, чујеш,
како тихо зашушти. И с пролећа, ујутру, видиш два —
три бела цвета, а већ предвече, на стотине њих

обаспе крошњу као изненадни снег што светли
час бело, час ружичасто. И не знаш, шушти ли лишће
или перје; на прозорском симсу осване још увек
лепљива коштица, и пусти за собом светло-црвени

траг. И пита се, свих ових година, где си. А када
желим да повратим мир, сетим се једног јединог
тренутка; ти и ја, на дунавском кеју, у летње
поподне, напола у хладу, напола на сунцу,

једемо сендвиче, и читамо, свако своје. Ти Сенеку,
ја лектиру за основну, *Алису у земљи чуда*. И светлост
пада окомито на отворене књиге, чије стране, у
паузи између читања, обележавамо травкама

које памте, више од нас: као и дрвеће, под којим
се протрчи, само једном. И то, тако добро знамо,
и ти, негде тамо, као и ја, још увек негде овде.

Чујеш ли како шушти? Само то сам хтела да ти кажем.

LOOKING AT TREES

(fear you won't hear me)

Hello dad. Nothing new from this view.
The cherry tree you and I planted has blossomed
in front of our building. It now reaches the fourth floor
though it began as just a twig. When a sparrow

landed, its weight bent the delicate branch.
Now, a whole flock lands in the tree, and sometimes,
you hear its faint rustle. On a spring morning, two or three
white blossoms, and by dusk, thousands

cover the tree top like a sudden snow
white and pink. Is it the foliage or
feathers quivering? On the window sill,
a sticky cherry pit, a faint red.

Where have you been? To regain
my calm, I remember us
on the Danube quay in the summer
afternoon, half in shade, half in sun,

eating sandwiches and reading. You, Seneca,
and I, a grade school book, *Alice in Wonderland*; light
falling on our pages. Between reading, we hold
our place with blades of grass

they retain more than us: like trees you only once
run under. Both you, somewhere there,
and I, here, know quite well.

Do you hear the leaves rustling? I just wanted to tell you that.

ACKNOWLEDGMENTS

We wish to thank the editors who have strongly supported our translations. Our translations have appeared in the following magazines:

Asymptote: "Little Zebras," "Grain of Salt," and "Black Radish"
Aufgabe: "Beautiful Reflection" and "Falling into a Residential Area"
Conduit: "Circling Zero," "Somebody Knocks (*fear of loneliness in the bathroom*)," and "Mirror, Suddenly (*fear of woman*)"
International Poetry Review: "Purge" and "Smoking / No Smoking"
The New Yorker: "Snow in Your Shoes"
Rhino: "[A mirror hangs in the butcher shop]"
Ricochet Review: "Colombia"
Structo: "Stork in the Snow"

"[A mirror hangs in the butcher shop]" also won *Rhino*'s 2012 Translation Prize

The World Record: International Voices from Southbank Centre's Poetry Parnassus (Bloodaxe Books, 2012): "Circling Zero"

A special thank you to Southbank Centre for choosing "Circling Zero" as one of the 50 greatest love poems of the last 50 years.

Thank you to *The Guardian* for their article on Southbank Centre's selection.

Thank you to Clare Cavanagh for her kind permission to quote her translation of Adam Zagajewski's poem "Referendum" (*Without End: New and Selected Poems*, Farrar, Straus and Giroux, 2002).

The translators wish to especially thank Ana Ristović for all of her support and for providing access to her work.

CONTRIBUTOR BIOGRAPHIES

Ana Ristović was born in 1972 in Belgrade and studied comparative literature at the College of Philology in Belgrade. She has published nine books of poetry: *Snovidna voda* (*Dreamwater*, 1994, Branko Radicevic Prize), *Uže od peska* (*Rope of Sand*, 1997), *Zabava za dokone kceri* (*Party for Lazybones Daughters*, 1999, Branko Miljkovic Prize), *Život na razglednici* (*Life on the postcard*, 2003), *Oko nule* (*Round the Zero*, 2006), and *P.S. – Selected Poems* (2009, Milica Stojadinovic Srpkinja Prize), *Meteorski otpad* (*Meteoric Waste*, 2013, DIS Prize for complete poetry work), *Nešto svetli, izabrane pesme* (*Something Bright, Selected Poems*, 2014), and *Čistina* (*Clearing*, 2015). In 2005, she won the Hubert Burda Prize for young East European poets. She has translated 30 books of poetry and prose from Slovenian into Serbian, and her own poems have been translated into numerous languages, including English, German, Slovak, Macedonian, Slovenian, Polish, Bulgarian, Hungarian, Swedish, Finnish, Spanish, and French. She lives in Belgrade.

Steven and Maja Teref's translations include Novica Tadić's *Assembly*. Their translations have appeared in *The New Yorker, Aufgabe, Asymptote,* and elsewhere. They founded the journal *Ricochet Review.* Steven is the author of *Foreign Object, Pleasure Objects Teaser,* and *The Authentic Counterfeit.* He is currently editing an anthology on Yugoslav modernism with Columbia University professor Aleksandar Bošković. Maja is a College Board AP Lit reader, and a Past President of IL TESOL BE (Illinois Teachers of English to Speakers of Other Languages). She teaches at the University of Chicago Lab School.